YEARLY CALENDAR

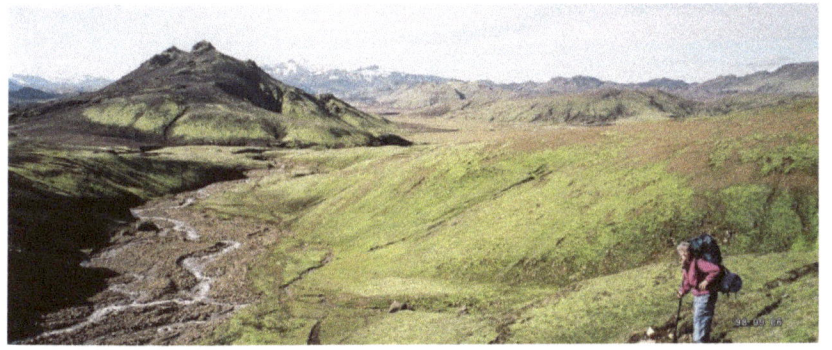

Thorsborne Trail, Iceland.

By: Henry Intili

CALENDAR - An Open Calendar Book

Calendar

Copyright 2022

Henry Intili

Bainbridge, Georgia

All rights reserved

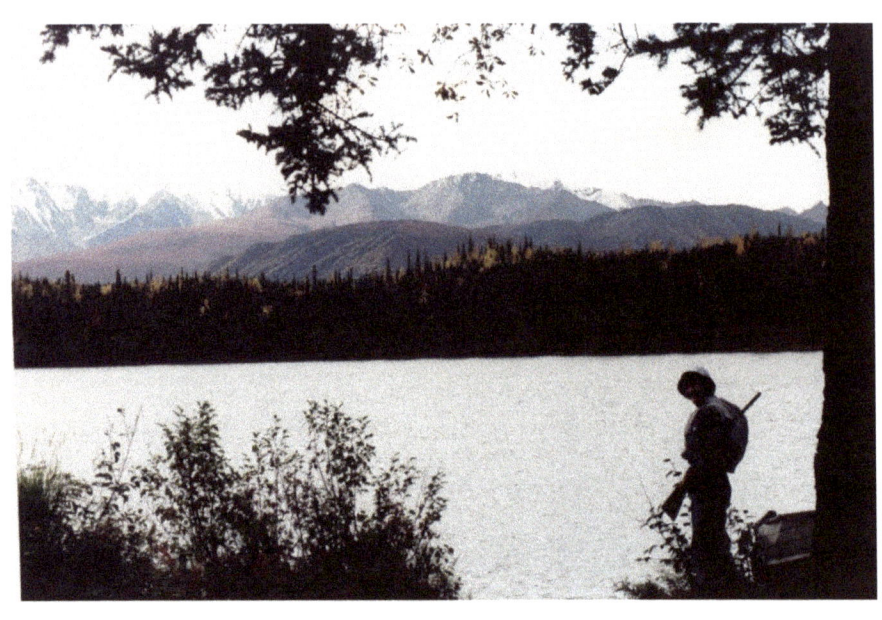

Donna Lake, Alaska with the snow-capped Alaska Mountains in the distance.

JANUARY

1 _____

2 _____

3 _____

4 _____

5 _____

6 _____

7 _____

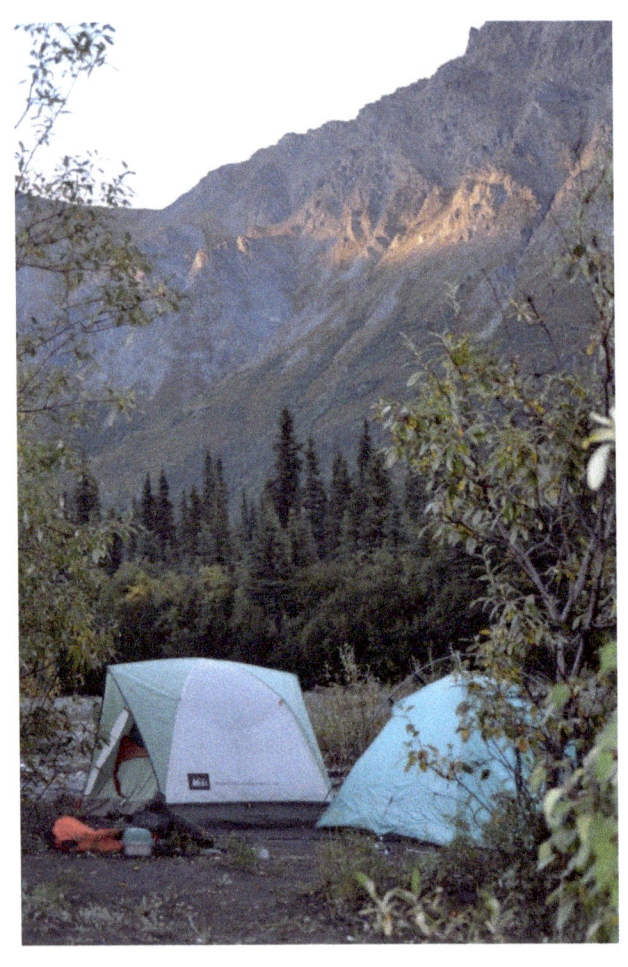

Tents in the Gates of the Arctic National Park on the North Fork of the Koyukuk River.

Above the Arctic Circle

JANUARY

8_____

9_____

10_____

11_____

12_____

13_____

14_____

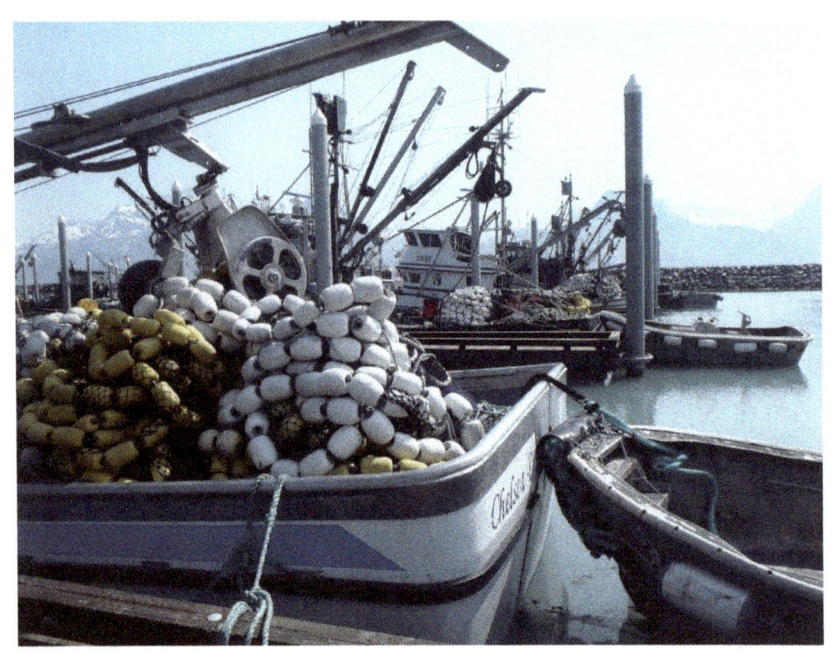

Valdez Harbor, Alaska.

JANUARY

15_____

16_____

17_____

18_____

19_____

20_____

21_____

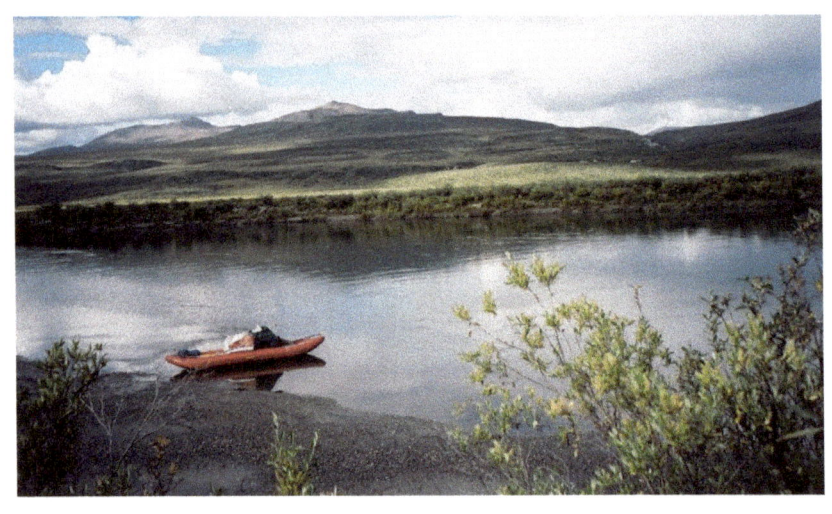

The Noatak River in The Gates of the Arctic National Park, Alaska

JANUARY

22 _____

23 _____

24 _____

25 _____

26 _____

27 _____

28 _____

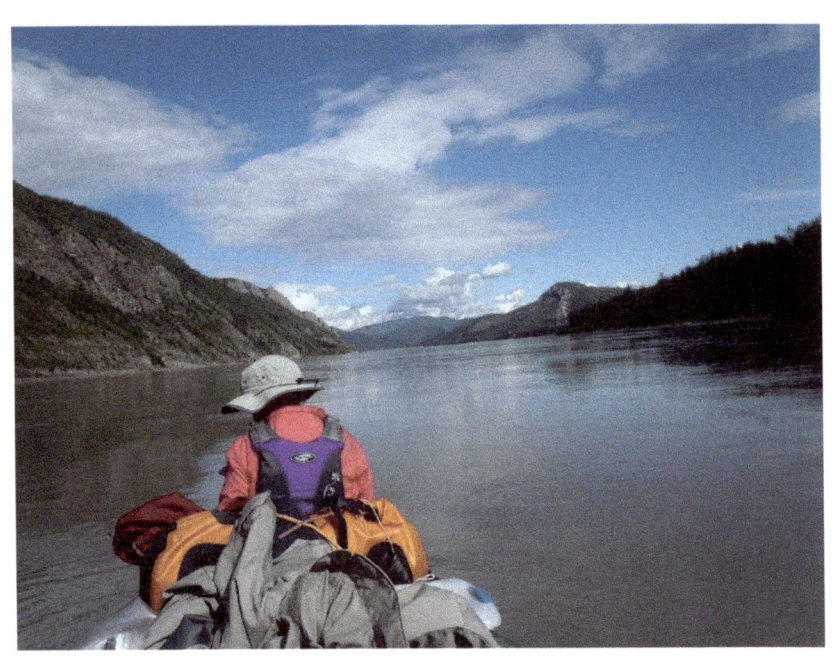

Paddling down the Yukon River from Eagle to Circle, Alaska. 160 miles.

JANUARY

29_____

30_____

31_____

January Notes:

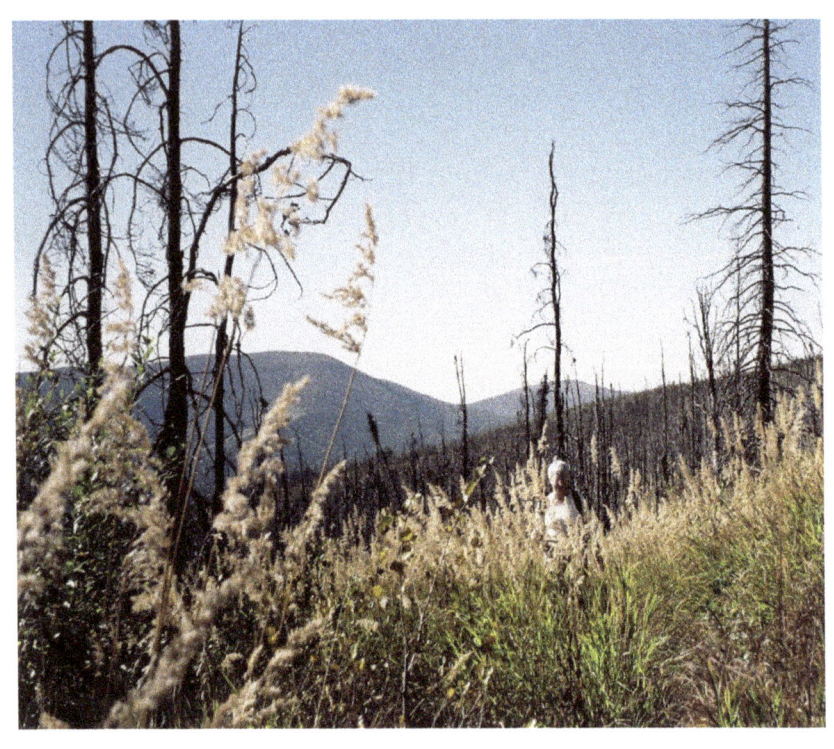

Fireweed on Angel Rocks Trail, Alaska.

FEBRUARY

1. _____

2. _____

3. _____

4. _____

5. _____

6. _____

7. _____

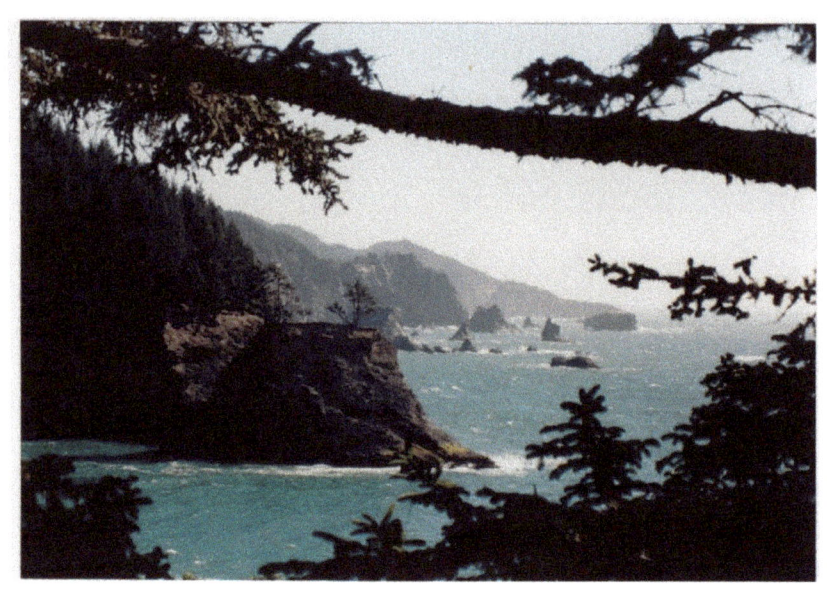

The Oregon coast.

FEBRUARY

8 _____

9 _____

10 _____

11 _____

12 _____

13 _____

14 _____

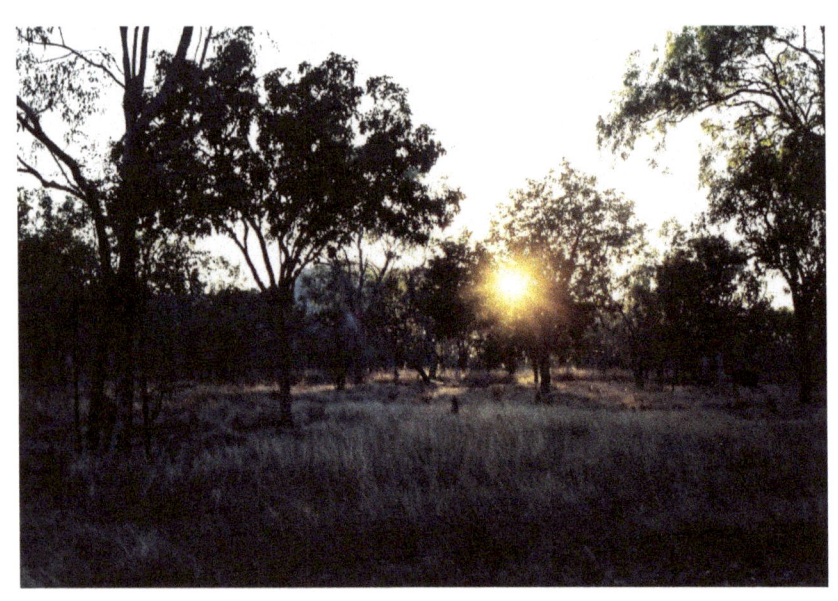

Sunset in the Australia Outback

FEBRUARY

15_____

16_____

17_____

18_____

19_____

20_____

21_____

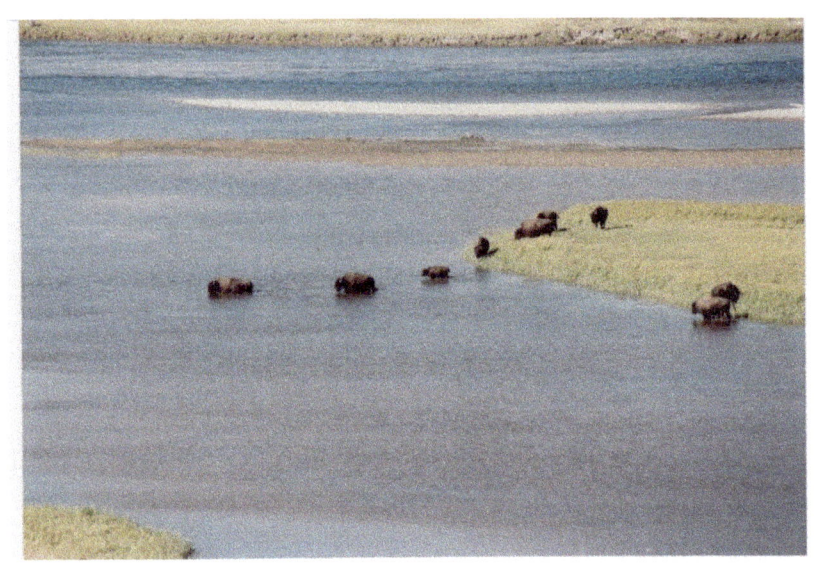

Bison crossing the Yellowstone River

Yellowstone National Park

FEBRUARY

22_____

23_____

24_____

25_____

26_____

27_____

28/29_____

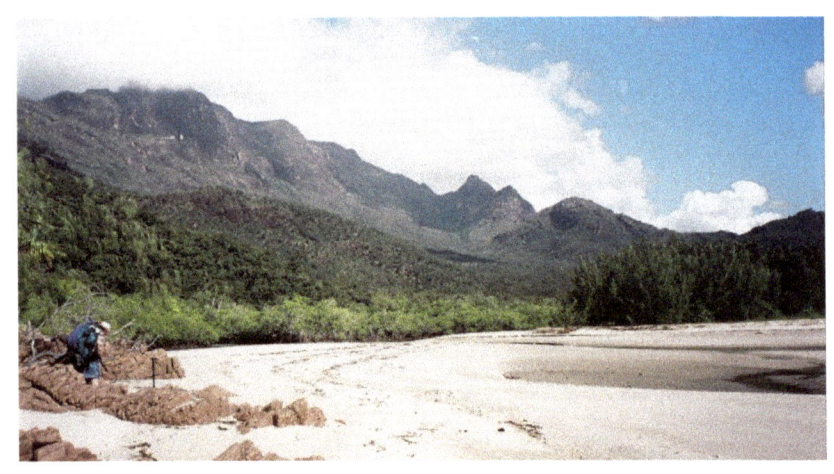

A rocky beach on Hinchinbrook Island

Australia

MARCH

1_____

2_____

3_____

4_____

5_____

6_____

7_____

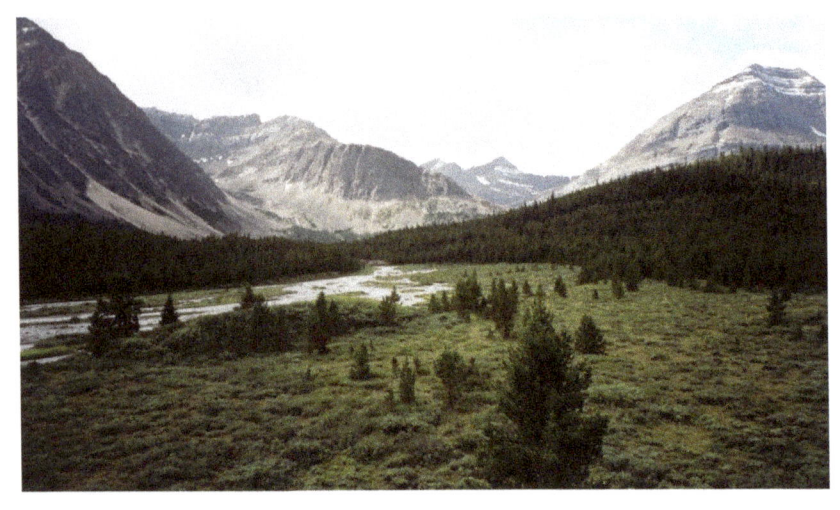

Brazeau River Valley, Banff National Park

Alberta, Canada

MARCH

8 _____

9 _____

10 _____

11 _____

12 _____

13 _____

14 _____

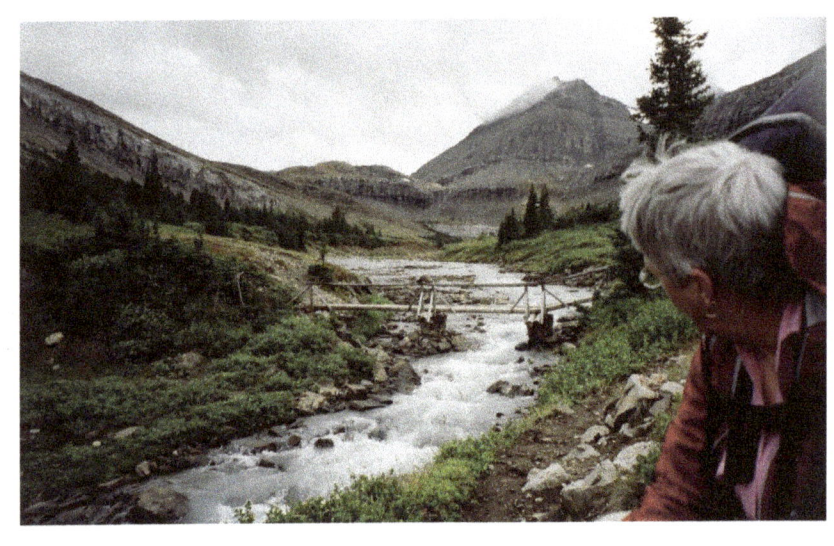

A wooden bridge over the Brazeau River

In Banff National Park, Alberta, Canada

MARCH

15_____

16_____

17_____

18_____

19_____

20_____

21_____

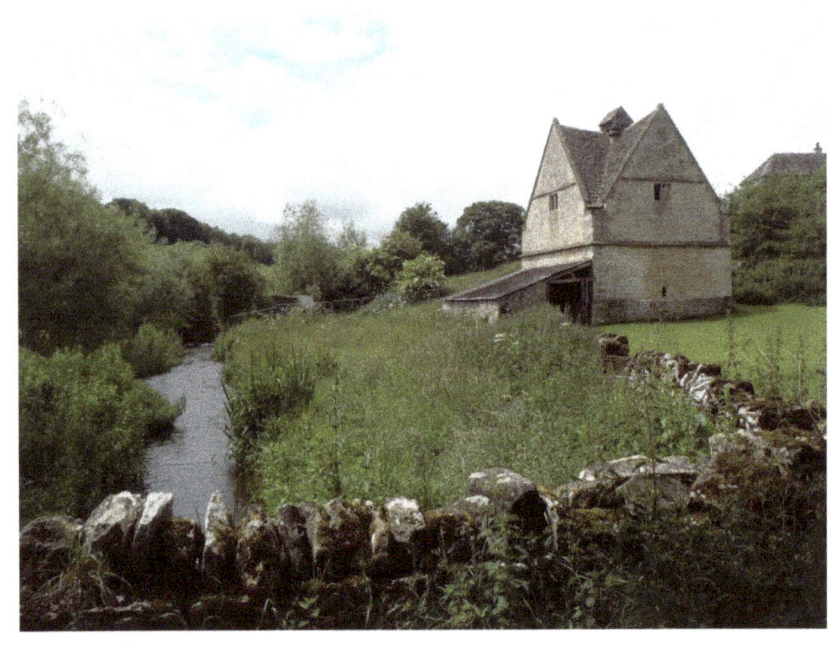

A dovecote in the Cotswolds, England

MARCH

22_____

23_____

24_____

25_____

26_____

27_____

28_____

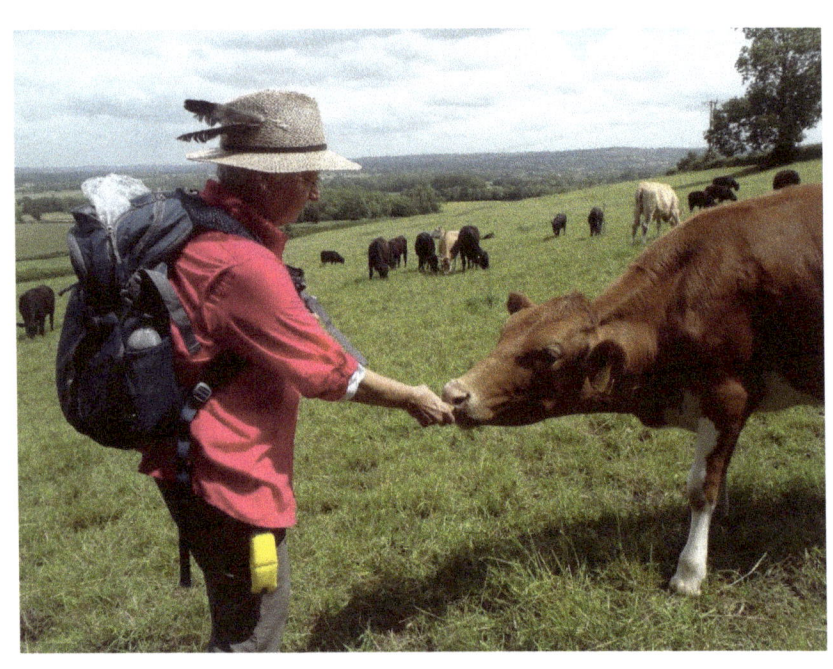

Barb meets a new friend along The Cotswold Way

in The Cotswolds, England

MARCH

29_____

30_____

31_____

MARCH NOTES:

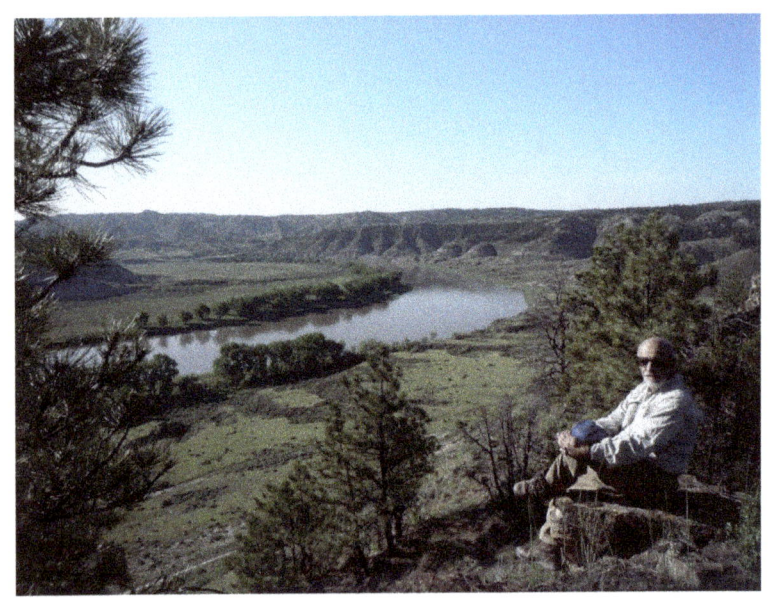

Overlooking the Missouri River

Missouri Breaks, Montana

APRIL

1 _____

2 _____

3 _____

4 _____

5 _____

6 _____

7 _____

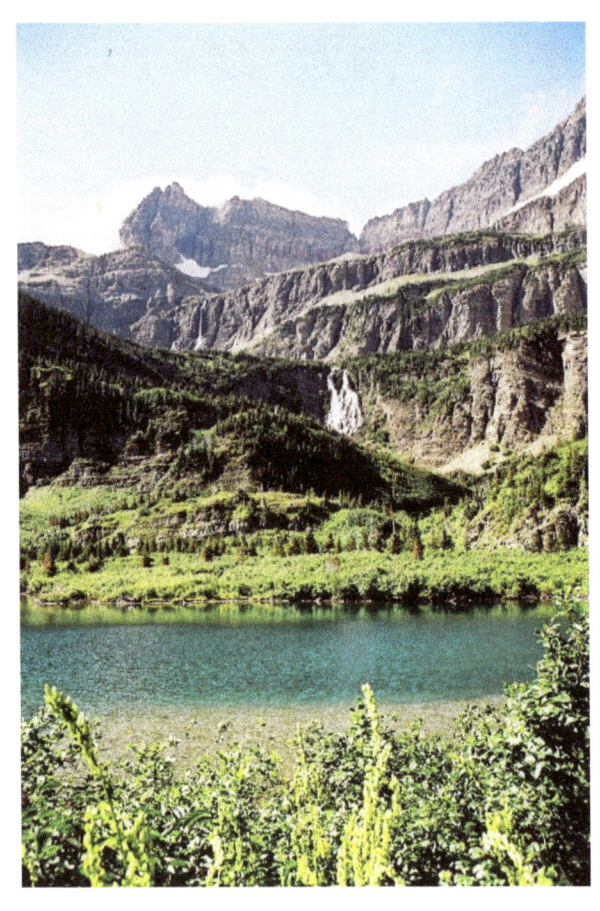

A tarn on Stony Indian Pass, Belly River Trail

Glacier National Park, Wyoming

APRIL

8 _____

9 _____

10 _____

11 _____

12 _____

13 _____

14 _____

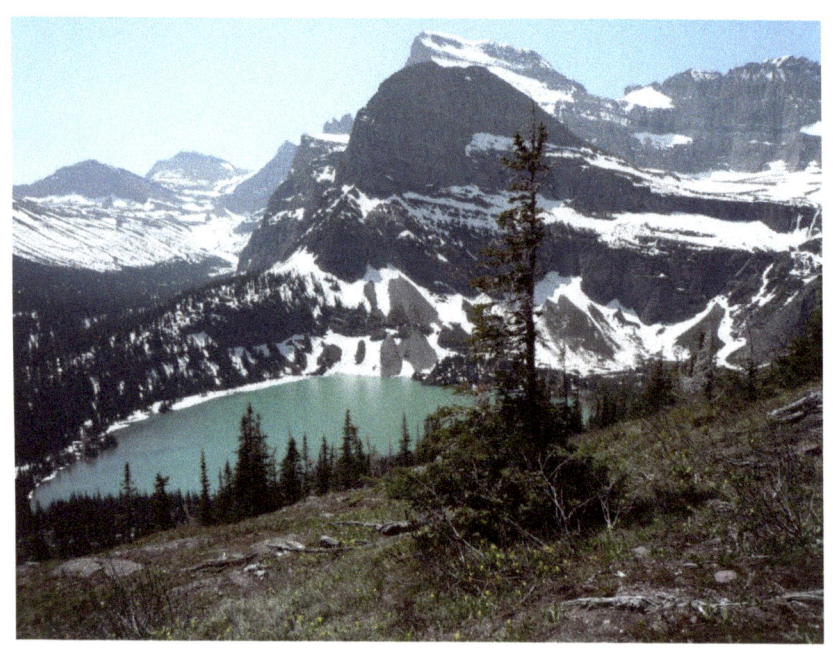

Grinnell Lake, Glacier National Park, Montana

APRIL

15_____

16_____

17_____

18_____

19_____

20_____

21_____

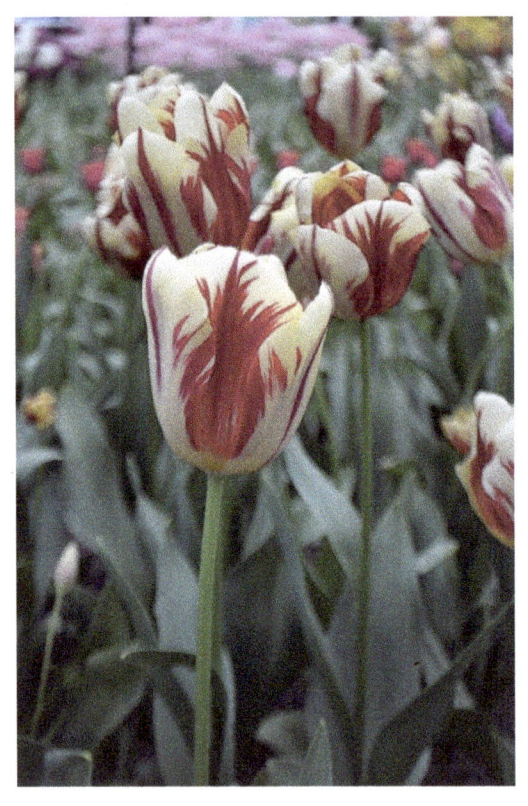

Tulips in Keukenhof Gardens, Holland

APRIL

22_____

23_____

24_____

25_____

26_____

27_____

28_____

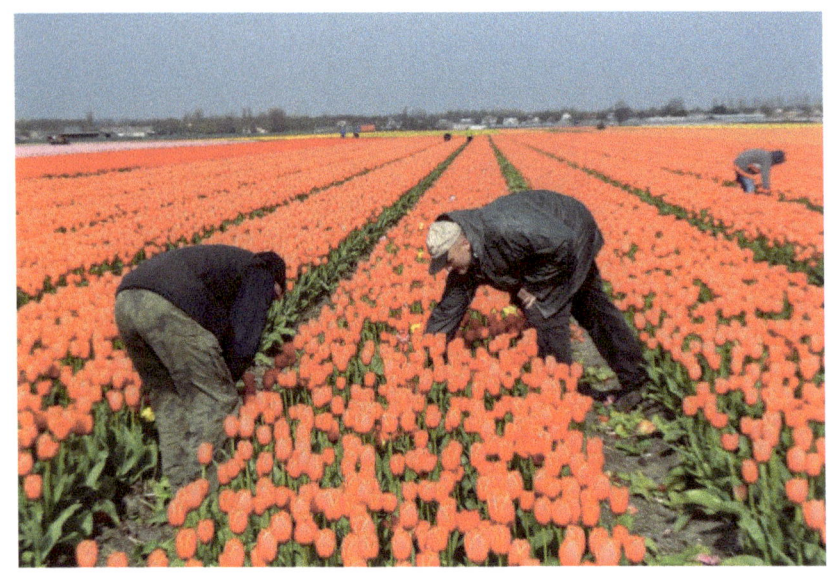

Men picking out odd color tulips. Holland

APRIL

29_____

30_____

APRIL NOTES:

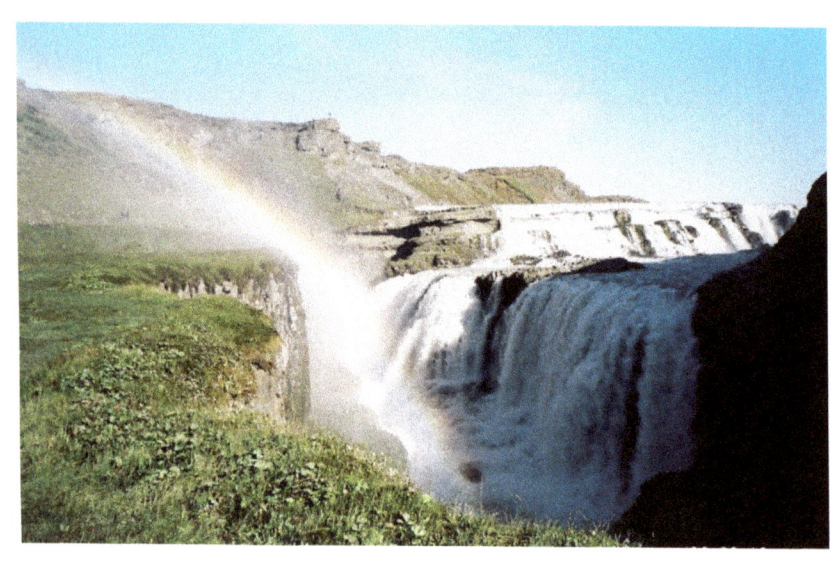

Gullfuss, Iceland

MAY

1_____

2_____

3_____

4_____

5_____

6_____

7_____

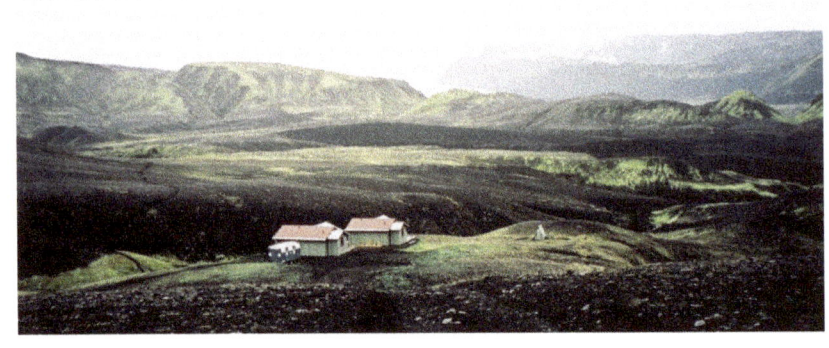

Sleeping hut on the Porsmark Trail (Lanmanulauger)

Interior of Iceland

MAY

8 _____

9 _____

10 _____

11 _____

12 _____

13 _____

14 _____

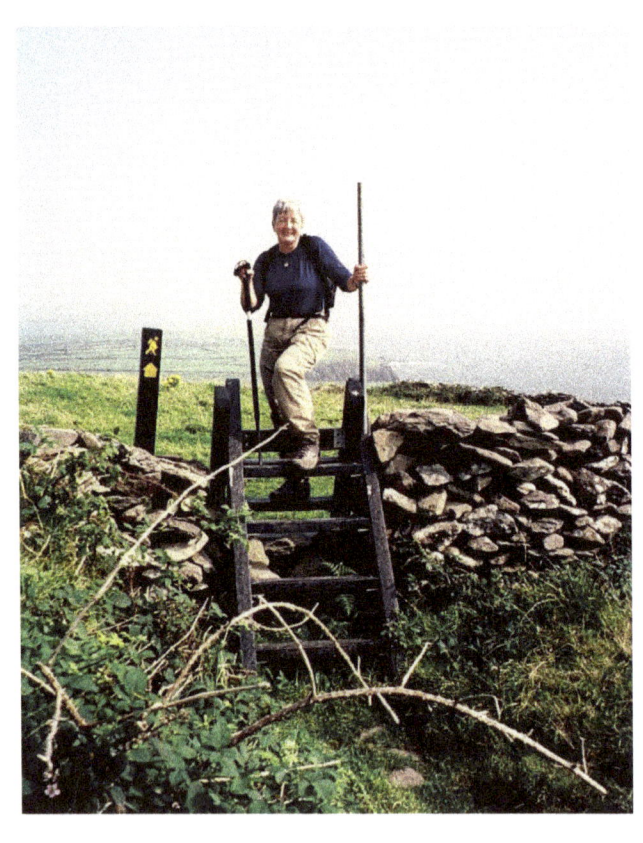

Barb crossing a stile on the Dingle Way

Dingle Peninsula, Ireland

MAY

15_____

16_____

17_____

18_____

19_____

20_____

21_____

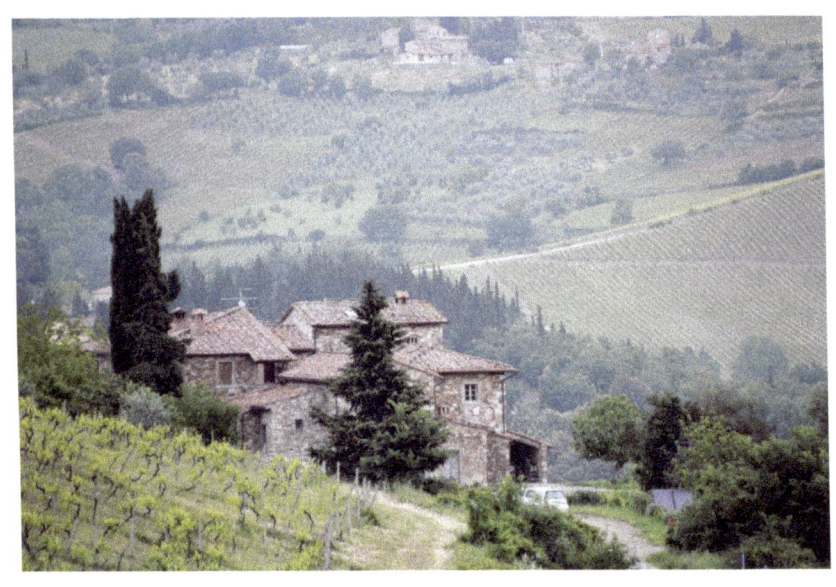

A villa in Tuscany, Italy

MAY

22_____

23_____

24_____

25_____

26_____

27_____

28_____

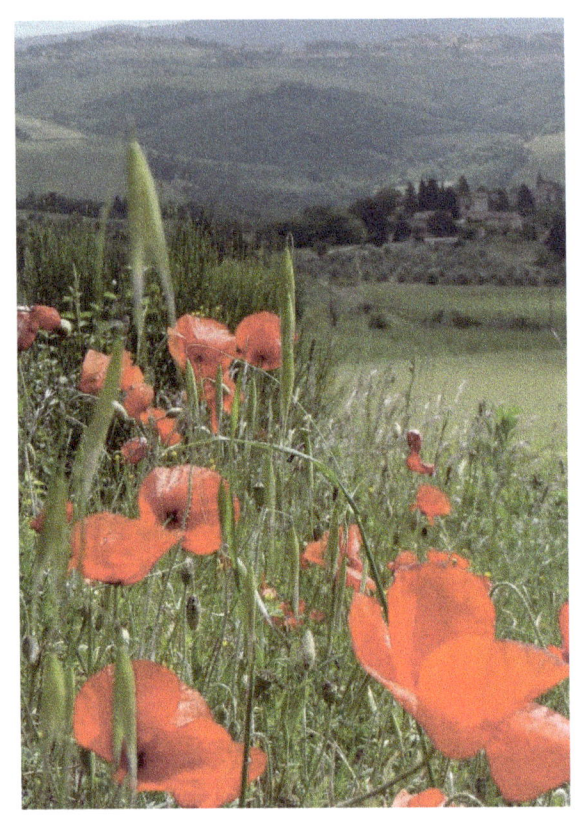

Poppies in a Tuscan landscape

MAY

29_____

30_____

31_____

May notes:

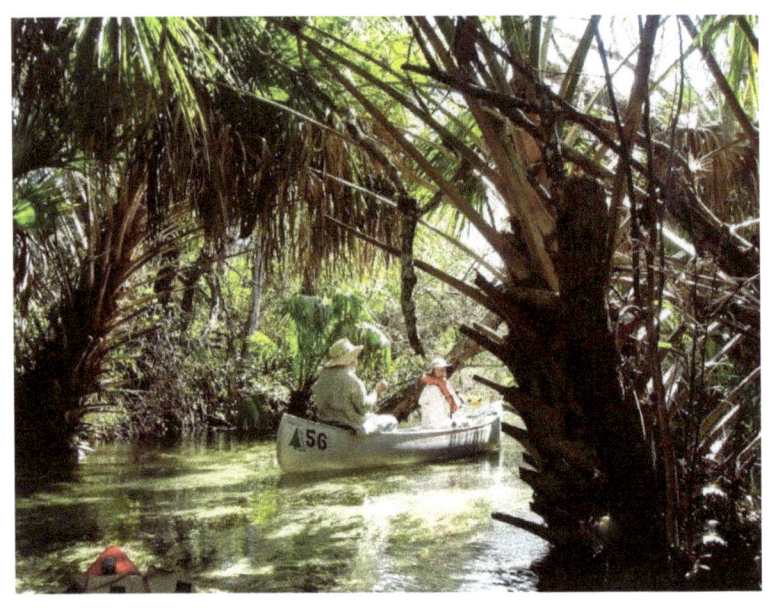

Juniper Springs, Florida

JUNE

1 _____

2 _____

3 _____

4 _____

5 _____

6 _____

7 _____

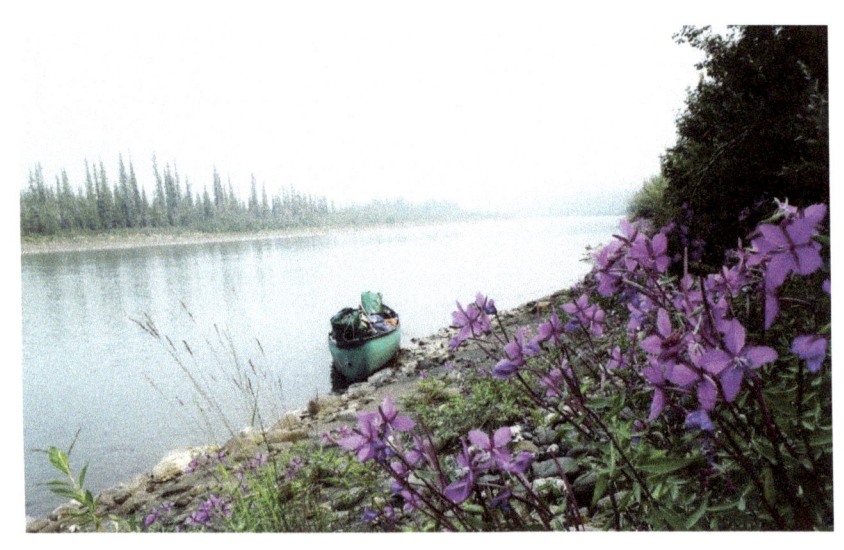

Middle Fork of the Koyukuk

Above the Arctic Circle, Alaska

JUNE

8 _____

9 _____

10 _____

11 _____

12 _____

13 _____

14 _____

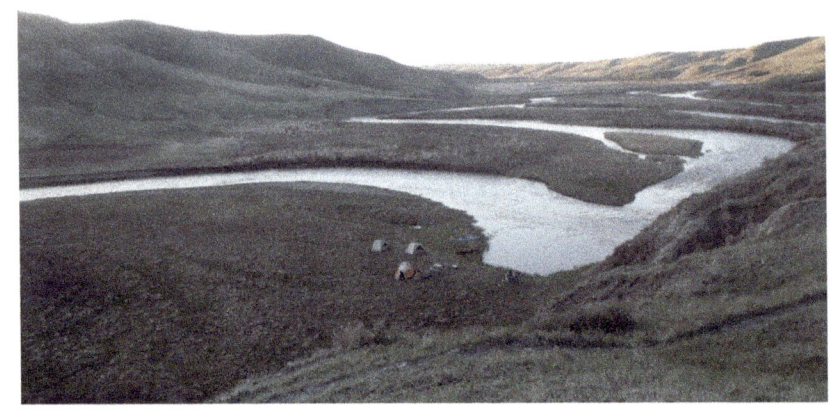

Sunset on the Milk River

Alberta, Canada

JUNE

15_____

16_____

17_____

18_____

19_____

20_____

21_____

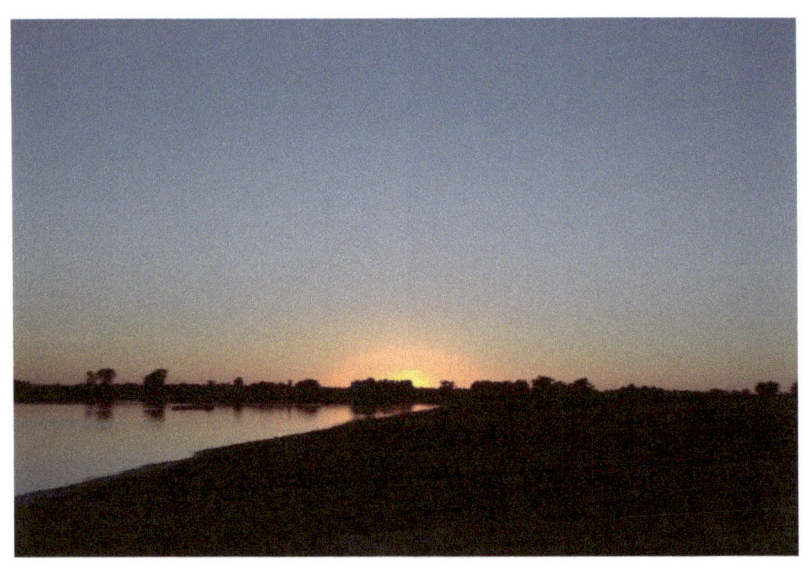

Sunset on the Missouri River

Eastern Montana

JUNE

22_____

23_____

24_____

25_____

26_____

27_____

28_____

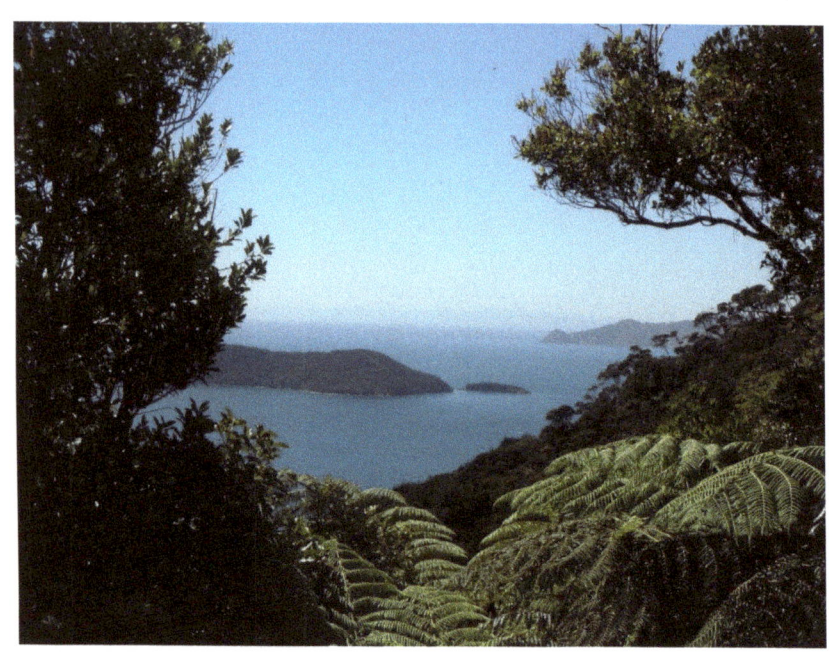

Marlborough Sound

Queen Charlotte Way

South Island, New Zealand

JUNE

29 _____

30 _____

June notes:

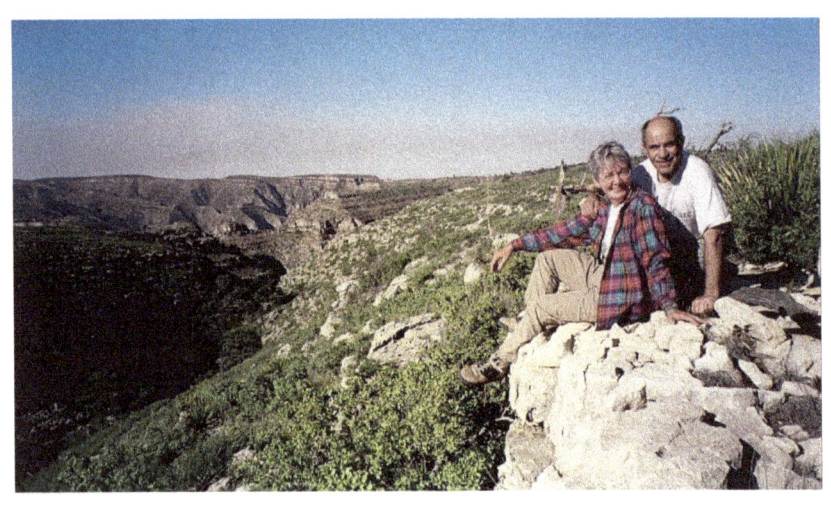

Camping above Carlsbad National Monument

New Mexico

JULY

1 _____

2 _____

3 _____

4 _____

5 _____

6 _____

7 _____

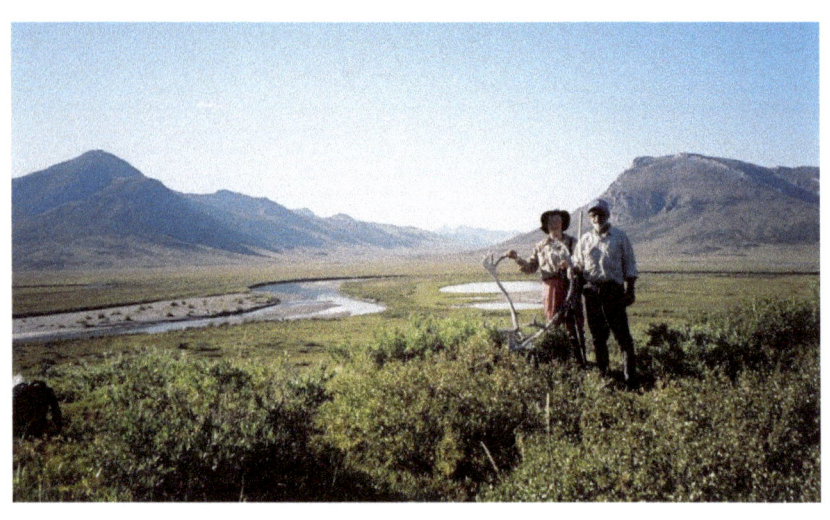

Caribou antlers on the Noatak River

above the Arctic Circle

Gates of the Arctic National Park, Alaska

July

8 _____

9 _____

10 _____

11 _____

12 _____

13 _____

14 _____

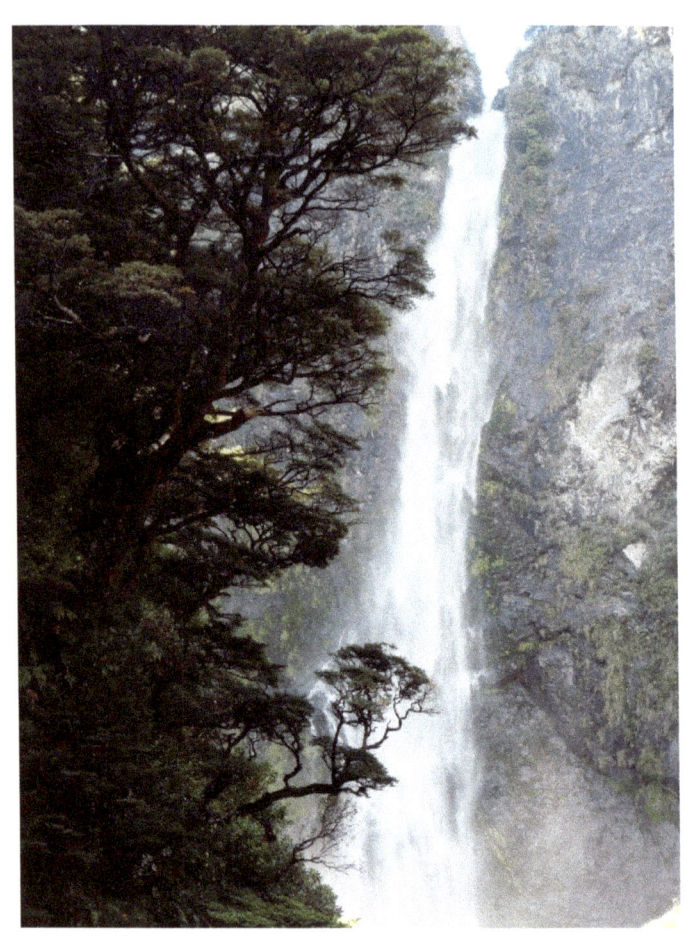

Punchbowl Falls

South Island, New Zealand

JULY

15 _____

16 _____

17 _____

18 _____

19 _____

20 _____

21 _____

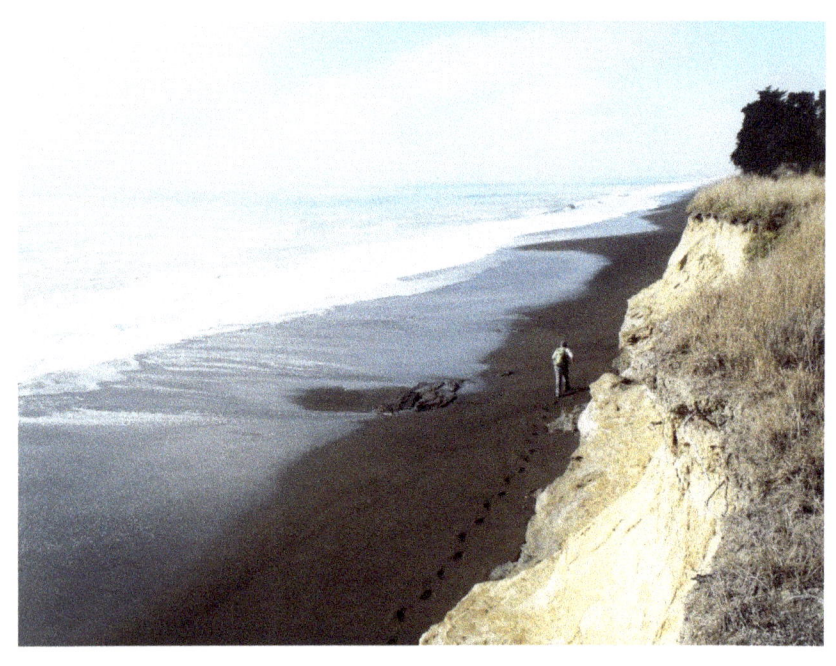

Kaikora Beach, South Island, New Zealand

JULY

22_____

23_____

24_____

25_____

26_____

27_____

28_____

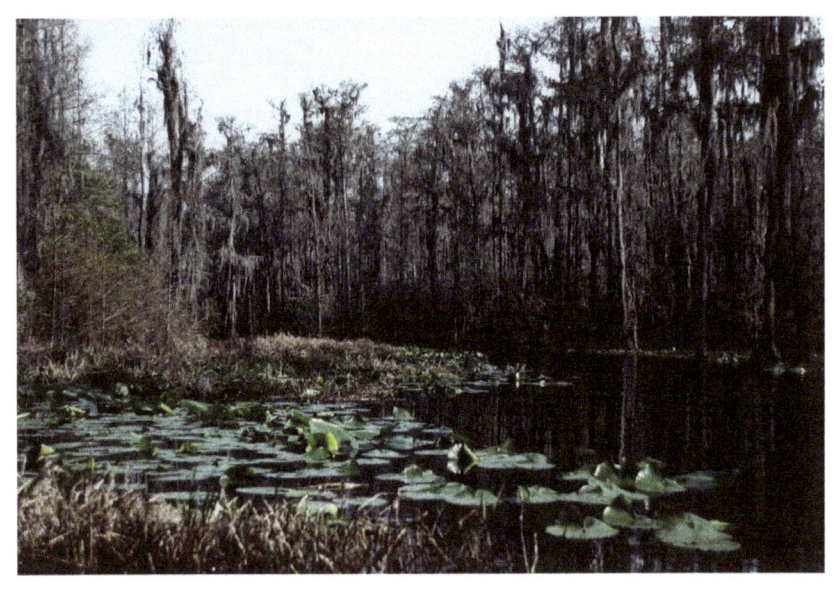

Minnie's Lake, Okefenokee Swamp, Georgia

JULY

29_____

30_____

31_____

July notes:

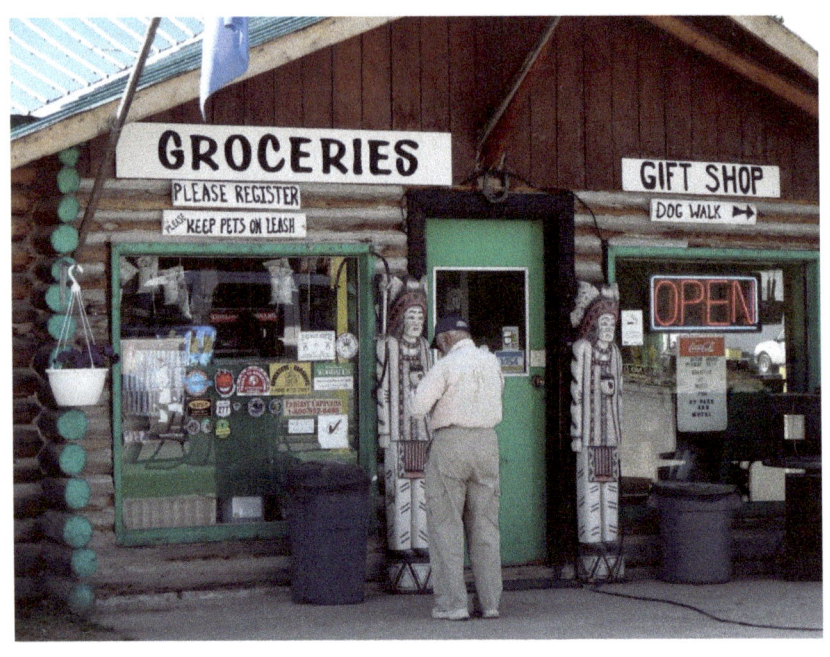

Road stop on the Alaska Highway

Yukon Territory, Canada

AUGUST

1 _____

2 _____

3 _____

4 _____

5 _____

6 _____

7 _____

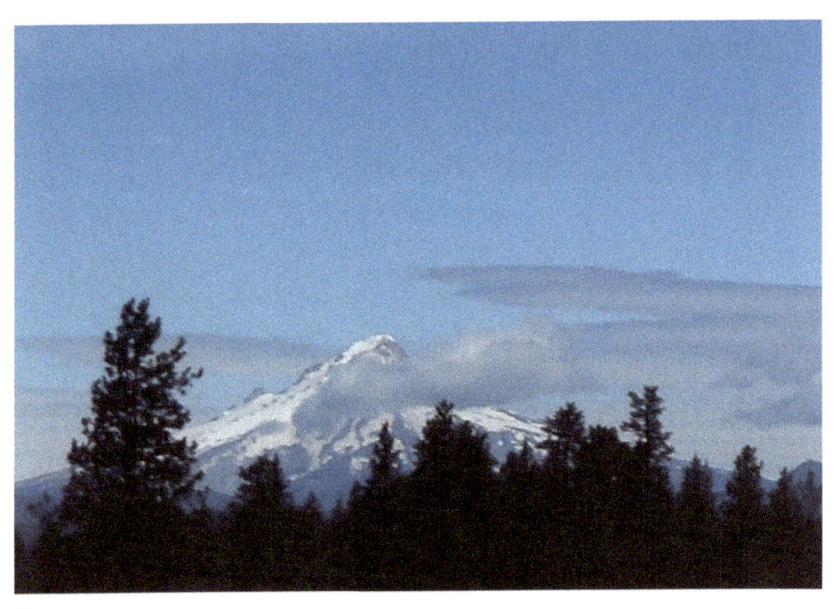

Mt Hood, Oregon

AUGUST

8 _____

9 _____

10 _____

11 _____

12 _____

13 _____

14 _____

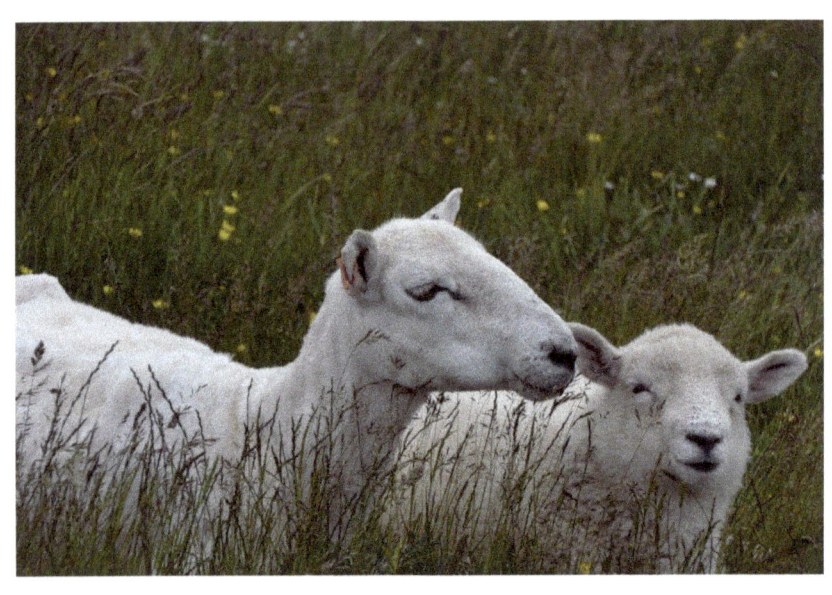

South Downs Way, Southern England

AUGUST

15_____

16_____

17_____

18_____

19_____

20_____

21_____

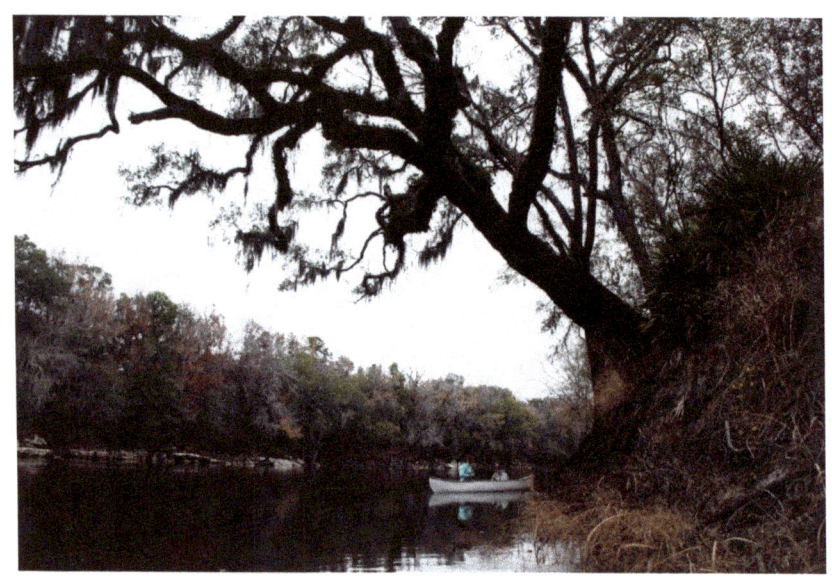

On the Suwanee River, Florida

AUGUST

22_____

23_____

24_____

25_____

26_____

27_____

28_____

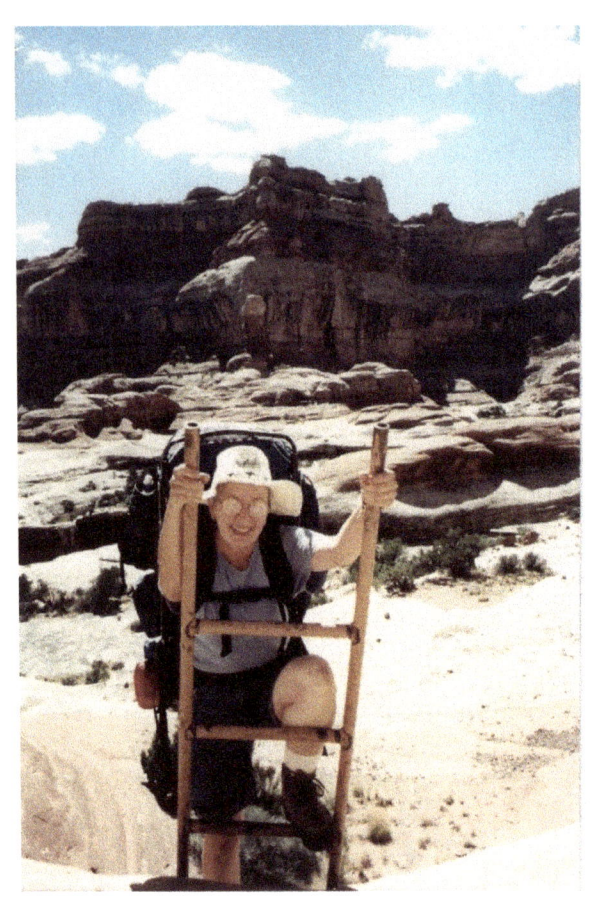

Hiking in Needles, Canyonlands, Utah

AUGUST

29_____

30_____

31_____

August notes:

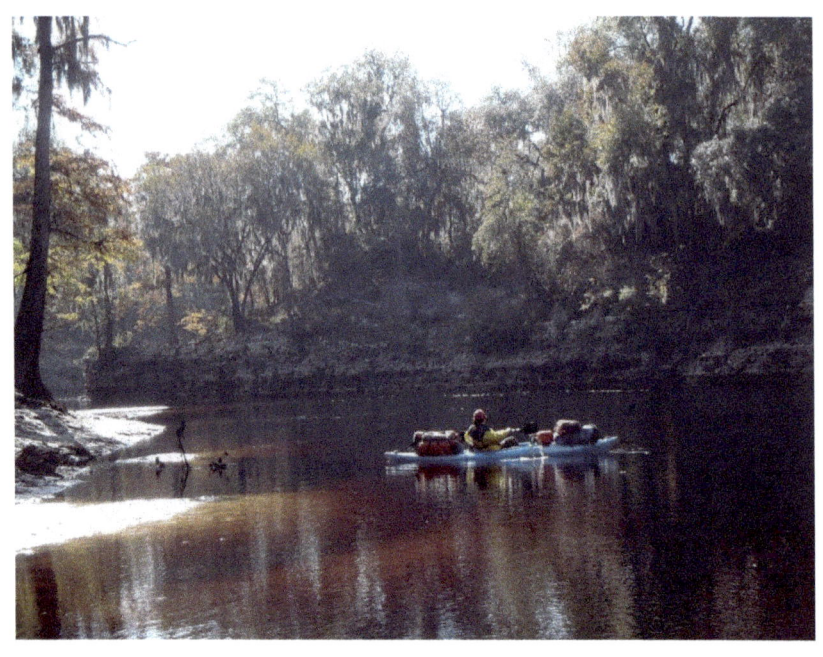

On the Suwanee River. (Again) Florida

SEPTEMBER

1_____

2_____

3_____

4_____

5_____

6_____

7_____

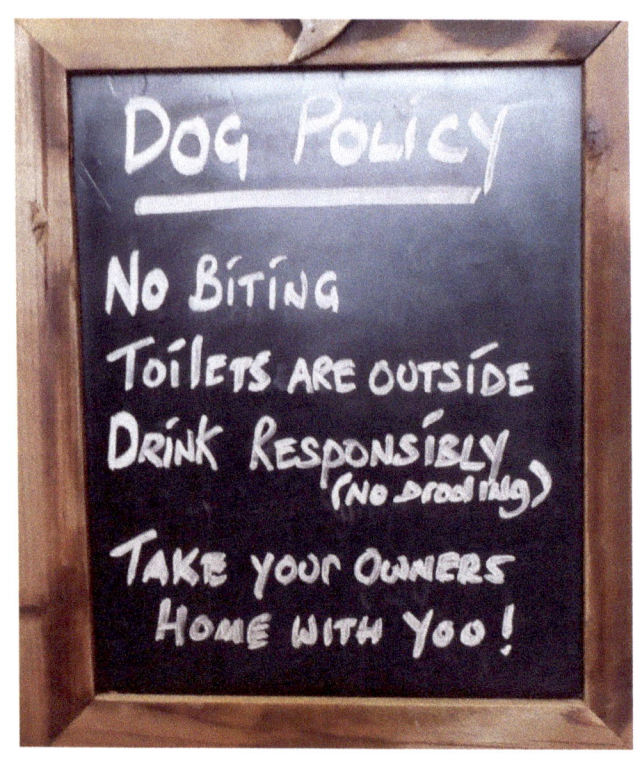

Rules for dogs.

Posted at dog level in a pub, Wales

SEPTEMBER

8_____

9_____

10_____

11_____

12_____

13_____

14_____

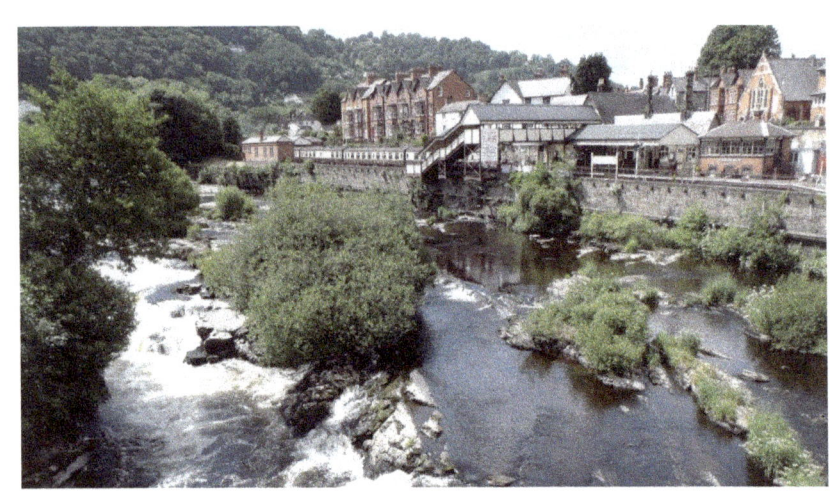

The River Dee, Llangothlan, Wales.

SEPTEMBER

15_____

16_____

17_____

18_____

19_____

20_____

21_____

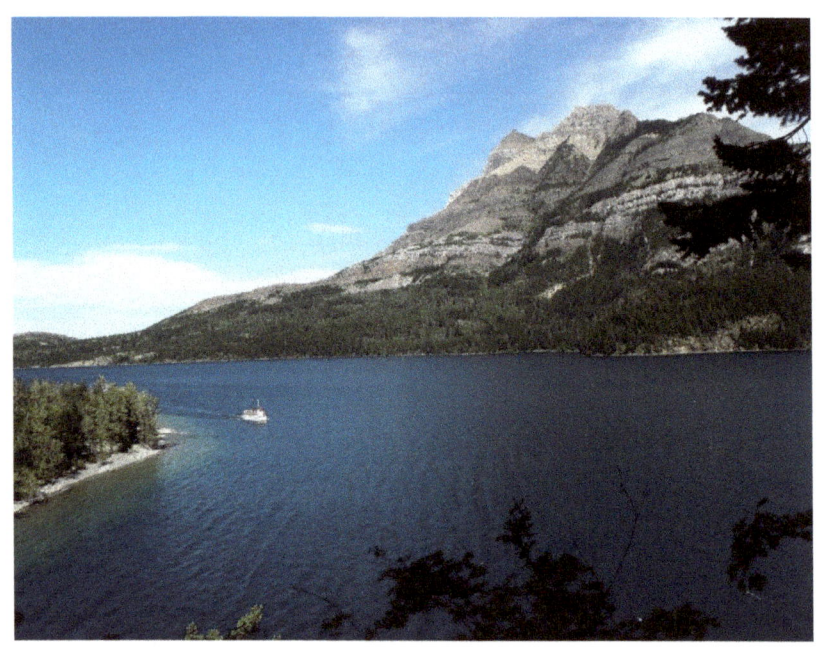

Lake Trail, Waterton Lake, Canada

SEPTEMBER

22_____

23_____

24_____

25_____

26_____

27_____

28_____

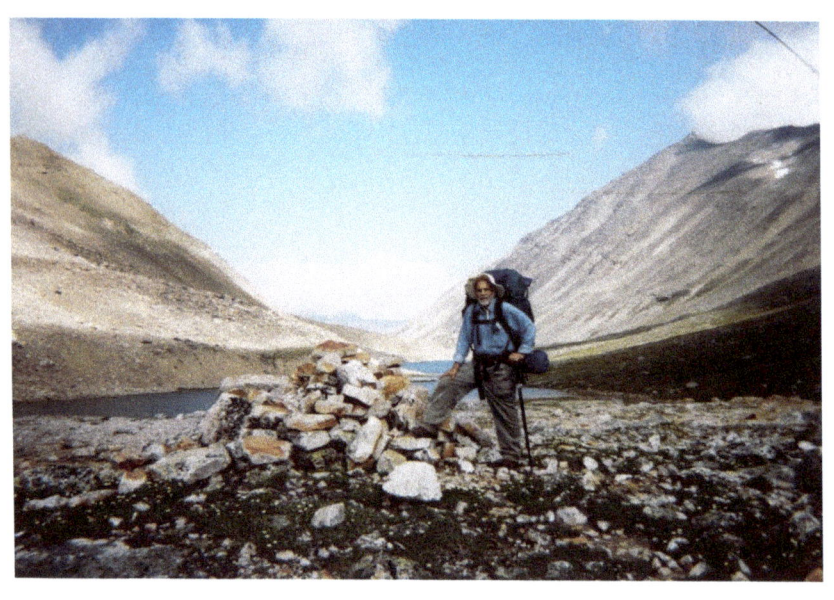

Cline Pass, White Goat Wilderness, Canada

SEPTEMBER

29_____

30_____

September notes:

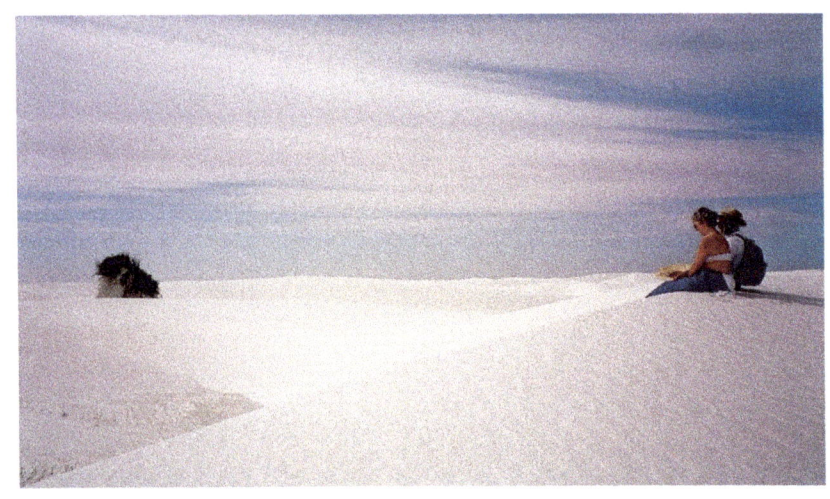

White Sands National Monument, New Mexico

OCTOBER

1_____

2_____

3_____

4_____

5_____

6_____

7_____

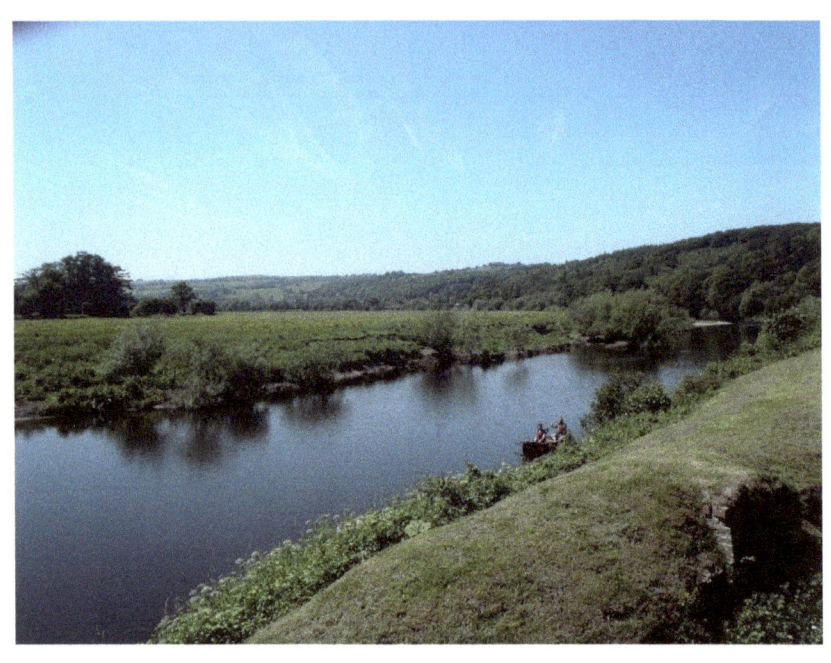

The River Wye near Hay, England

OCTOBER

8 _____

9 _____

10 _____

11 _____

12 _____

13 _____

14 _____

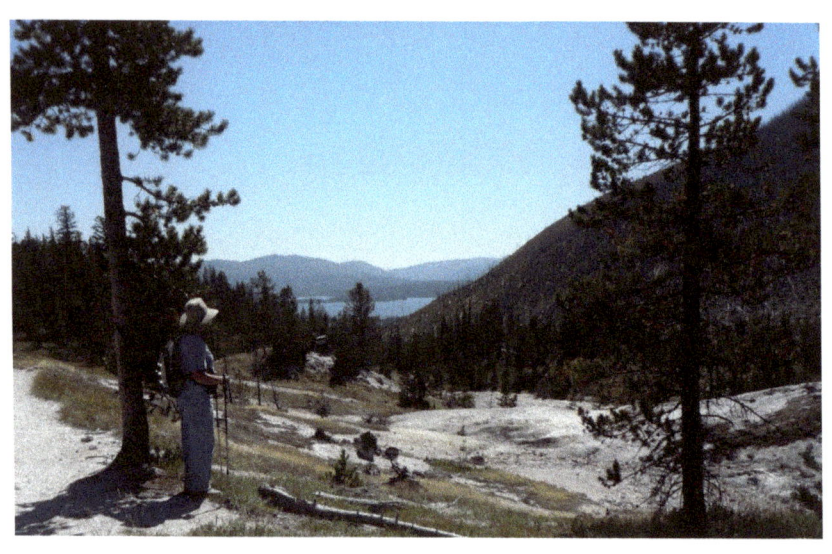

Heart Lake Overlook with a thermal field,

Yellowstone National Park

OCTOBER

15_____

16_____

17_____

18_____

19_____

20_____

21_____

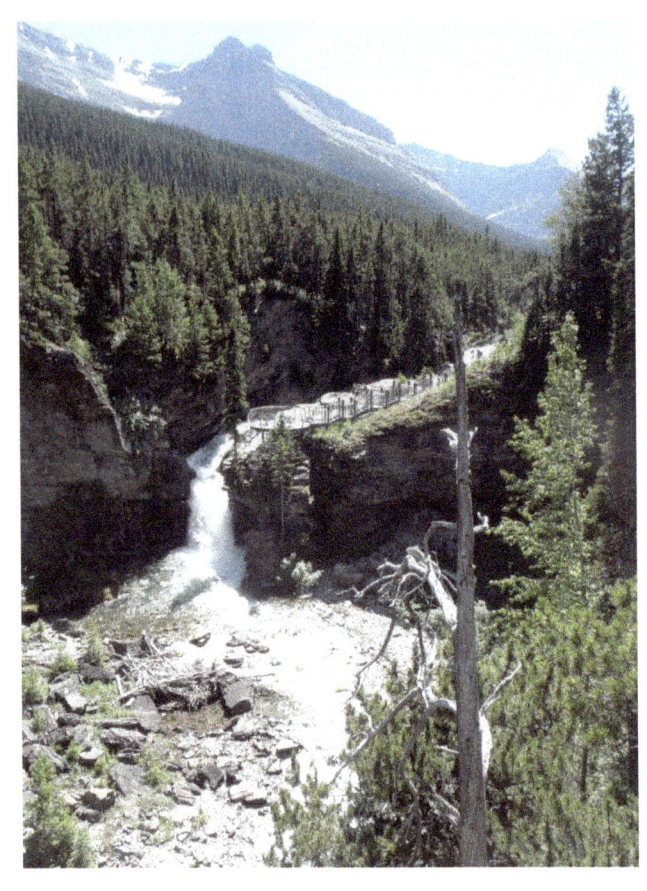

Blackston Falls, Yellowstone

OCTOBER

22_____

23_____

24_____

25_____

26_____

27_____

28_____

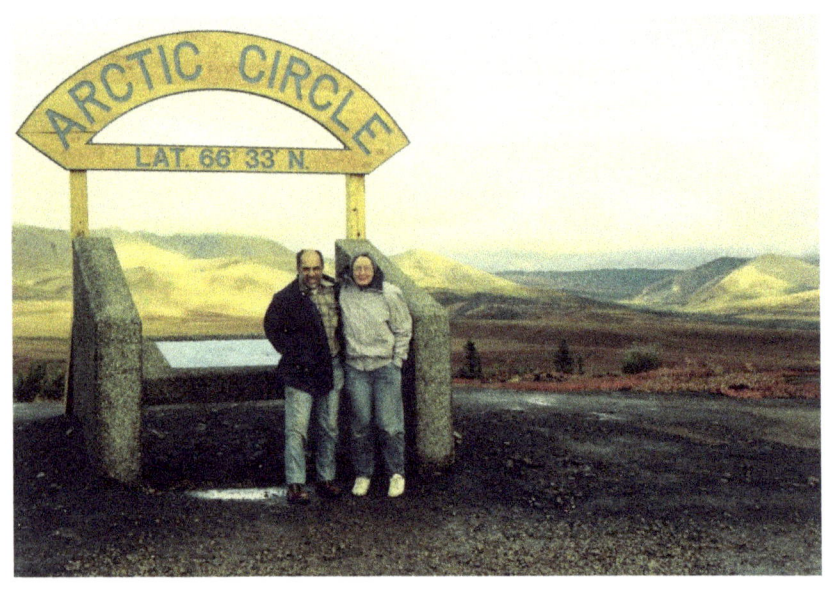

True love is freezing your ass off at the Arctic Circle

Northwest Territory, Canada

OCTOBER

29_____

30_____

31_____

October notes:

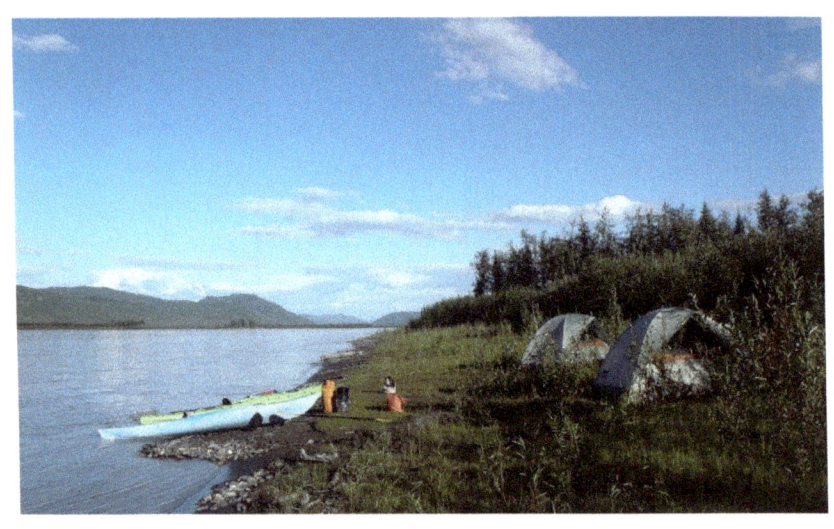

Camping along the Yukon River, Alaska

NOVEMBER

1. _____

2. _____

3. _____

4. _____

5. _____

6. _____

7. _____

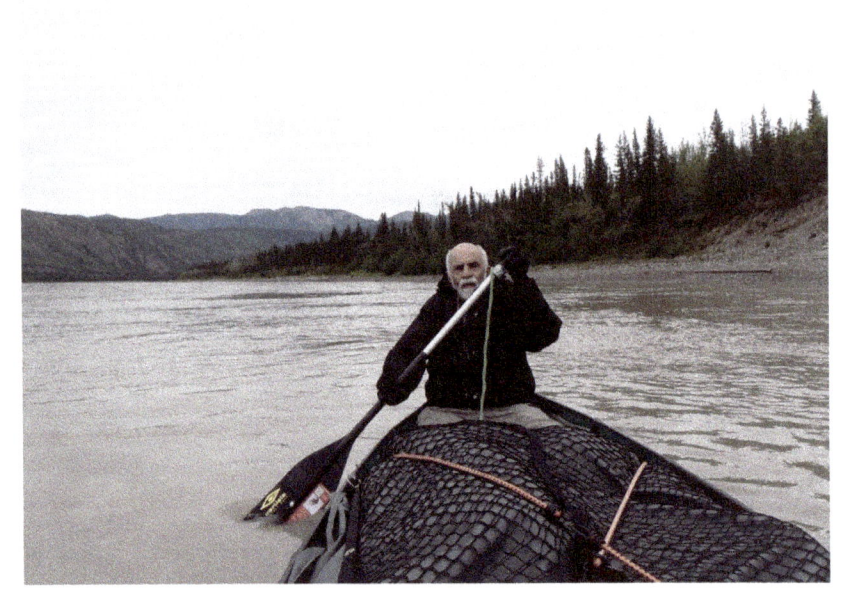

Canoeing on the Yukon River again.

Yukon Territory, Canada

NOVEMBER

8 _____

9 _____

10 _____

11 _____

12 _____

13 _____

14 _____

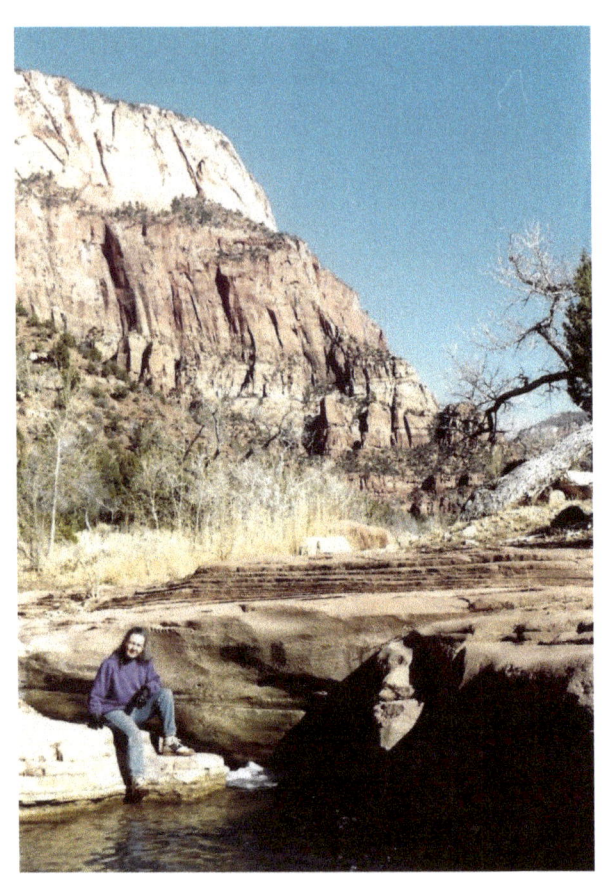

Hiking in Zion National Park

Golub Arch Trail

NOVEMBER

15_____

16_____

17_____

18_____

19_____

20_____

21_____

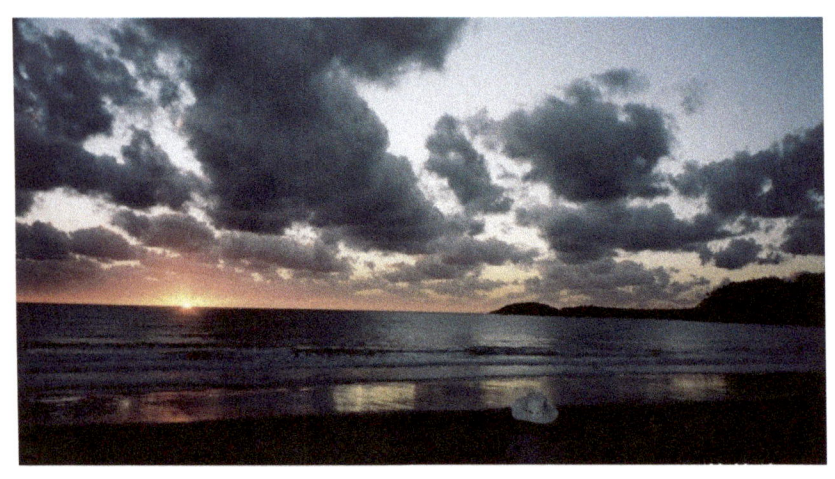

Dawn over the Coral Sea

Hinchinbrook Island National Park, Australia

NOVEMBER

22_____

23_____

24_____

25_____

26_____

27_____

28_____

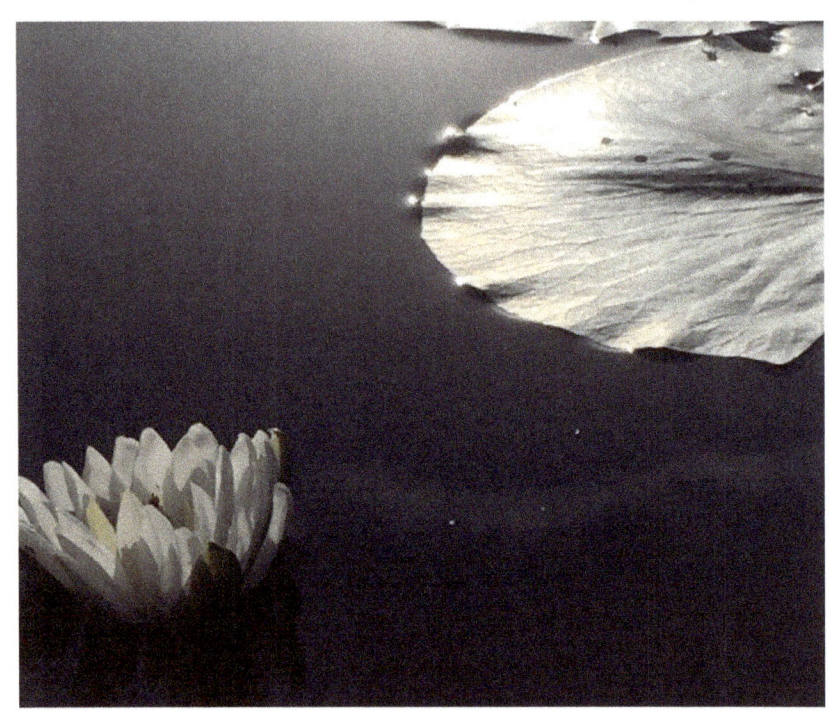

Water lilies, Bainbridge

NOVEMBER

29_____

30_____

November notes:

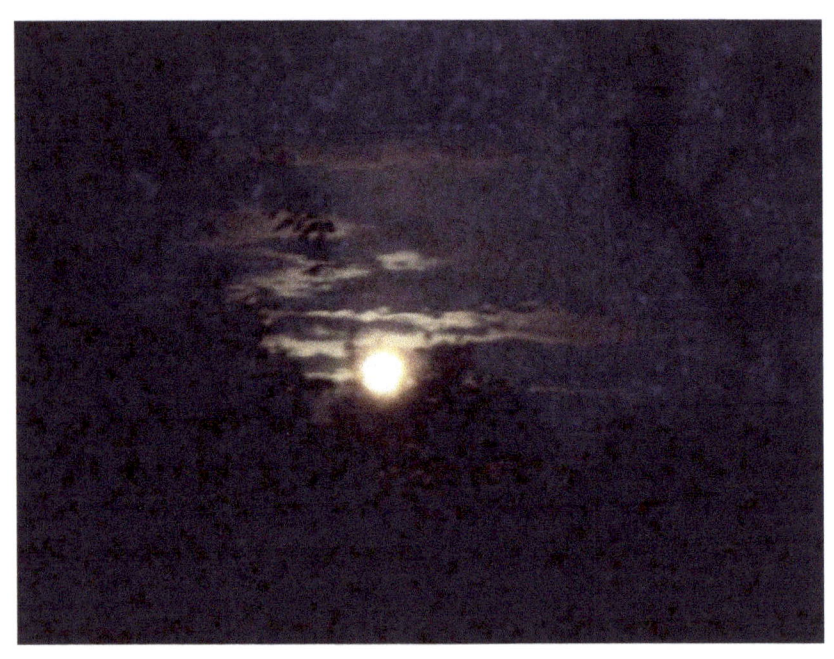

Moonset, Bainbridge

DECEMBER

1_____

2_____

3_____

4_____

5_____

6_____

7_____

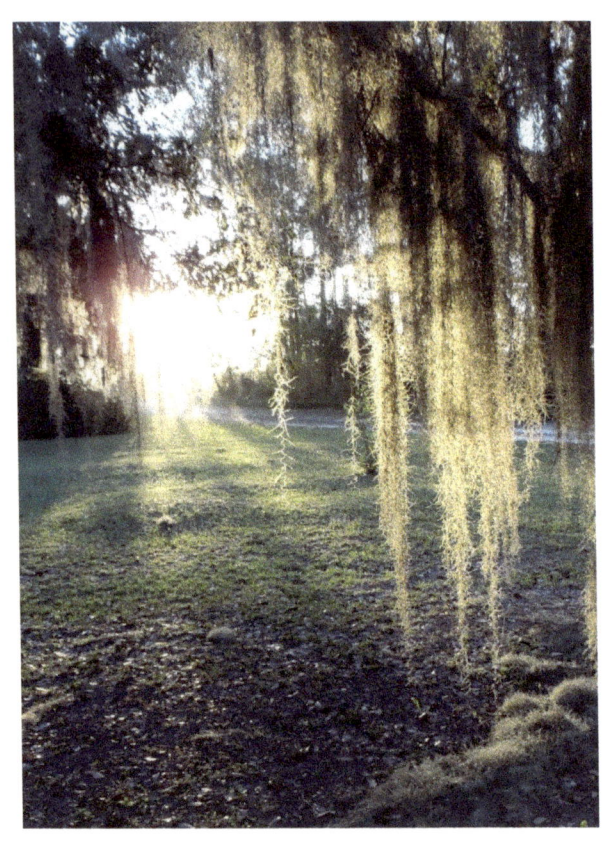

Sunrise through a mossy oak

Bainbridge

DECEMBER

8_____

9_____

10_____

11_____

12_____

13_____

14_____

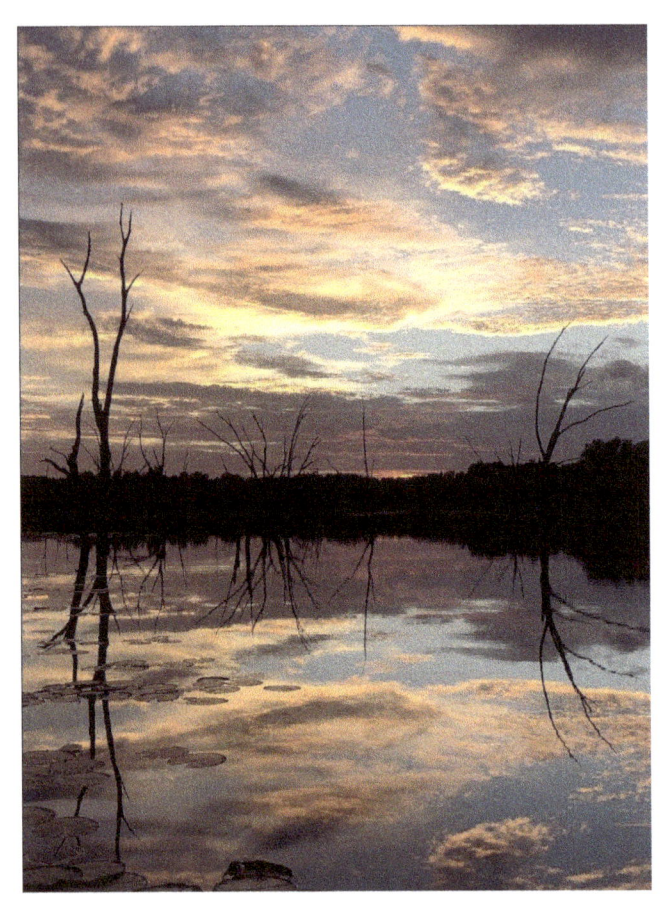

Sunset, Bainbridge

DECEMBER

15 _____

16 _____

17 _____

18 _____

19 _____

20 _____

21 _____

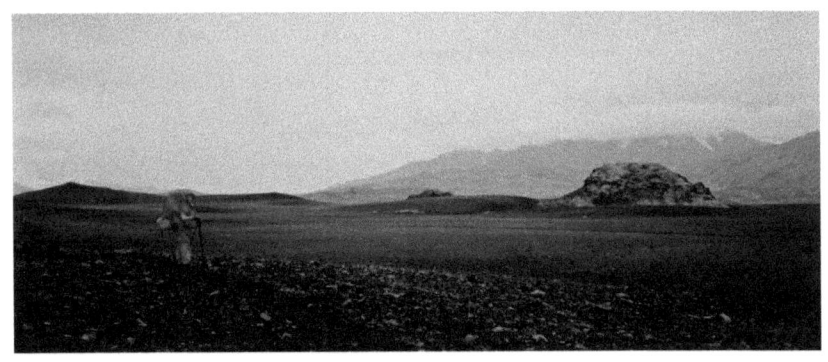

The Black Cinder Desert, Thorsborn Trail, Iceland

DECEMBER

22_____

23_____

24_____

25_____

26_____

27_____

28_____

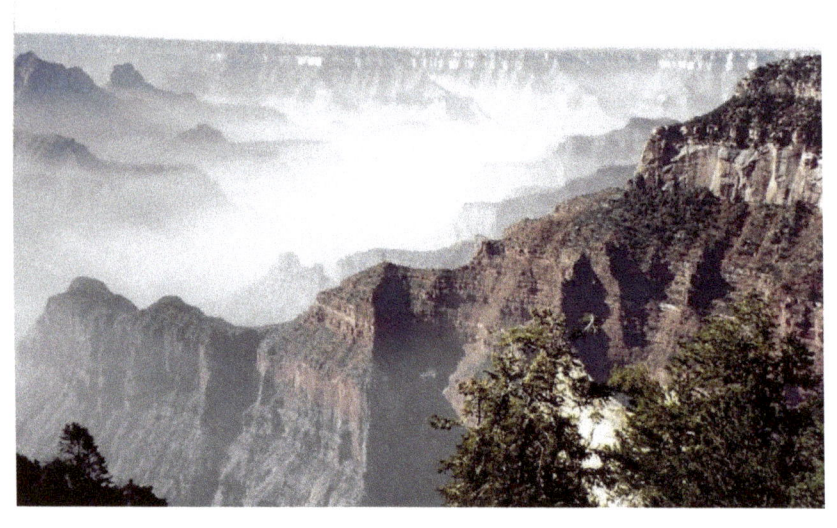

Grand Canyon, North Rim, Arizona

DECEMBER

29_____

30_____

31_____

December notes:

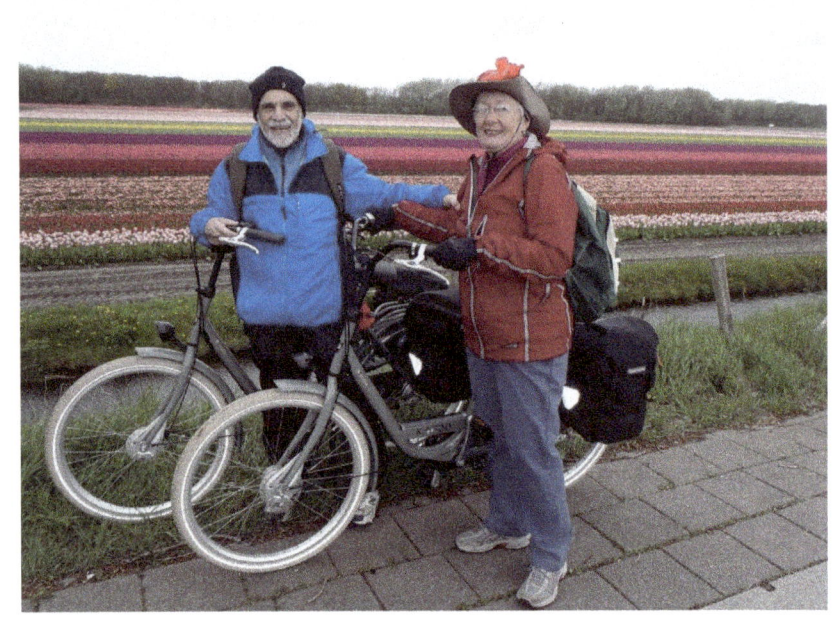

Henry and Barbara cycling through Holland

We hope you enjoyed this Calendar Book.

Our other works can be found on lulu.com.

Barbara and Henry Intili